MW00936736

33454767R00057

Made in the USA
Middletown, DE
14 January 2019